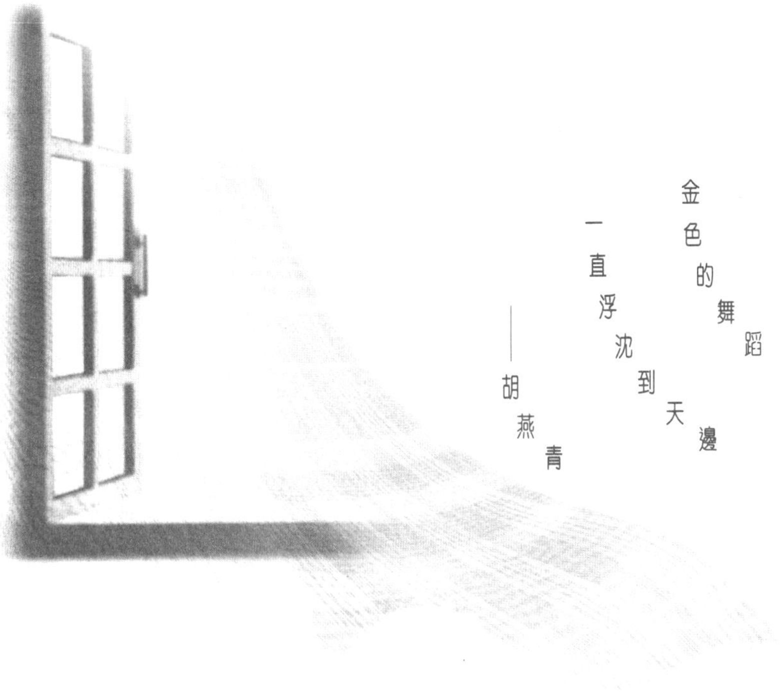

我把禱告留在窗台上
讓最早起牀的陽光
啄食成塵埃
金色的舞蹈
一直浮沉到天邊

——胡燕青

我把禱告留在窗台上

作者
胡燕青

責任編輯
伍美詩

裝幀設計
小貓／石依恒

出版／發行
基道出版社
香港沙田火炭坳背灣街26號富騰工業中心1011室
LOGOS PUBLISHERS
Unit 1011, Fo Tan Ind. Centre, 26 Au Pui Wan St., Shatin, Hong Kong
電話：2687-0331　傳真：(852) 2687-0281
網址：http://www.logoslink.org.hk

澳洲總代理
基道書樓LOGOS BOOK HOUSE
4 Tooronga Terrace, Beverly Hills 2209, N.S.W., Australia
電話：(612) 9554-3631

2/95初版　3/00二版
Cat. No. LP320-2
ISBN 962-457-088-6

編者言

舊約聖經中的一百五十首詩，是信徒學習禱告、讚美的題材。然而因時代偏遠、文化差異，在默想詩篇時，往往需要跨越重重障礙，才能徹底明白及體會詩人的本意。出版《我把禱告留在窗台上》，就是要把現代禱文詩帶進今天信徒的信仰中，讓現代人有更深的體會和更直接的共鳴。

作者以簡潔清新的文字，並投注對上帝的種種情懷，寫出了這三十四首禱文詩。讀者可在其中找到都市繁忙人的脈搏，資訊噪音下尋找上帝聲音的焦慮，甚至個人信仰掙扎的影兒。你可會在詩中聽到自己的心聲？

本詩集的特色，除了簡樸自然的形象外，更特別加插配合詩文內容的照片，以助讀者默想。版面的空白位置，既是讓讀者在禱文之間休憩，也是在默想後有感而發的空間，特別鼓勵讀者在詩文旁寫下自己的感受、向上帝的禱求，以禱文詩抒發內裏的情感。

深願《我把禱告留在窗台上》能喚醒現代人心靈，同以此時此地的內容向上帝真情禱告。

余序

《我把禱告留在窗台上》，是多奇特的意象。一般的基督徒，包括我自己，想到禱告，只會想到密室，想到曠野、高山。有誰會把禱告放在窗台上？但細心想想，禱告原本就應該是那麼平凡、自然，與生活融爲一體，就像一些愛栽植花草的人，每天清晨慣常地打理他們心愛的盆栽，澆水之後，便充滿祈盼地把它們放在窗台上，讓陽光滋潤，等待著有一天它們會開出美麗的花朵。我想，禱告本應就是這樣，以一種悠然、享受生命情趣的心情擺上。

燕青的禱告沒有甚麼偉大的意念，她只是在生命一些平凡的處境中，驚覺神的恩典，便以禱告爲祭獻上；或因一些生活小節，觸發反省，經歷掙扎，因而與神對話；又或時而心內湧溢與神契合的渴求，驅使她訴說心願。

燕青說：「每次禱告，我都在言語中滑倒。」這也是我們禱告的經歷。言語承載我們的禱告，卻又限制、窒礙我們的禱告。正因如此，我們時有說不出的歎息，聖靈也以說不出的歎息為我們代求。詩在這裏便顯得重要。詩務求以言語超越言語，從而創造言語新的領域空間。

讀燕青的詩，很自然地想到印度詩人泰戈爾散文詩的禱告。在兩者之間，我感到裏面有同一樣的純眞、簡樸，有同一樣對上主的深情，對生命有熱切的期待，卻又保持一種悠然的心境。這樣的心境，在這飄零的世代，實不多見。誠然，在生活種種的壓力下，我們「不但身體在徒勞的奔波中老去，心靈也在無果的追尋裏衰殘」，我們不斷的往外撲，

自己卻隱然自知，內裏是多空盪。在這樣的年代，燕青的詩所展示的內向歷程(inward journey)，對我們應有極大的提醒。

燕青的詩的另一特點，就是有一種像泰戈爾的童真(childlikeness)。這也是我們這年代的人所缺乏的。我們生活在複雜的世界之內，變得老練，不易有驚喜，也不會輕易直言心中的困惑疑問，也不敢以單純的心向世界開放。燕青的詩，就是有這樣的像小孩子的眼界，這眼界看出天國隱藏的祝福。

能爲燕青這詩集寫序，實感榮幸，深願這部我喜愛的詩集能廣爲讀者欣賞。

余達心

中國神學研究院副院長

羅序——
胡燕青的誠與真

工作中，常有機會接觸未信主的作者。有好幾個人的名字，常在我私禱中浮現，盼望有朝他（她）們會歸信基督，寫出更豐盈多姿的生命頌歌。其中一位，就是信主前的胡燕青。

初邂逅燕青，是一個盛夏的午後。在那所滿布熱帶風情的西餐廳內，聽她滔滔道來對基督教信仰的看法與掙扎，論苦罪懸疑，談上帝對以色列人的揀選，她的提問總是窮根究柢，句句「到肉」。至欲辯無語時，只有暗自祈求聖靈的工作。但深深感動我的，卻是胡燕青對信仰那份鍥而不舍的尋求。那時就想，這樣一位竭力認真尋找信仰的人，必能尋見。

未幾，傳來胡燕青信主的消息，辦公室衆人無不雀躍萬分。那時，我開始等候兩個機會：重遇信主後的燕青，重讀她經歷蛻變後的詩文。

第一個機會很快便臨到。透過雜誌的專欄，採訪了胡燕青的信仰見證，聽她娓娓道來那段篤實平靜的信仰心路，我寫下了這樣一個標題——「從想信到相信——胡燕青的信仰心路」。其中，沒有甚麼轟轟烈烈的生命轉折，有的，只是一顆福音的種子，怎樣在一個小女孩心中開花結果的平實故事。訪問結束，問她何日再執筆創作，她說快了，心被恩感，很想寫些禱文詩。

盼望，瞬即化成現實。

如今，擺放桌上的正是胡燕青即將出版的散文詩稿。細

讀她首首意切情眞的禱文，感恩的、祈求的、敬拜的、自省的，帶點城市人在這個飄零世代的悲情，卻又不失對信仰的堅持與赤誠。她可以坦率告訴你：「每次禱告，我都在言語中滑倒」（「言語之外」）；「不想禱告的日子，我把困惑藏在聖經重重的書頁裏……」但同時，她又可以自侃說：「爲了避免老是忘記，我們求祢，求祢使我們精神爽利……假如你是老板，早已把我們飛起……」（「忘記」）幽自己一默之餘，也寫盡繁忙生活下這一代信徒的善忘百態。此刻只覺，捧在手上的，不單是一輯值得再三回味的精練詩作，還是一束以心靈誠實敬拜上帝的時代信徒的眞誠認信。

從想信到相信，從相信到認信的胡燕青，最教我感動的，也正是這份從未褪色的誠與眞。

羅乃萱
突破出版社出版經理

李序

燕青的禱文出版了，是華人基督教文學一次豐碩的收成。在人性墮落、傾圮的年代，我們需要心靈的淨化，回到上帝寧謐之處。

生命中滿載佳美的事物，創造本身就是一種秩序美，只是罪欲把這種秩序破壞和歪倒。

溫柔敦厚，親愛精誠，原是我們民族的本質。基督教言愛，中國人重情，發自心靈深處的詩韻禱聲，正好昇華成一種貫融天地，與上帝契合的聲音。

捧讀篇篇精練而純樸的禱文，會令你的心更柔更軟，不妨起而高聲暢誦，心靈的空間會分外寬敞起來。

我與燕青的相識相聚，是以文字結緣，以信仰心交；既然是以文會友，當不自禁地發言爲詩，以表心志。

迢遙天路思墨客
回首簷梁月朗明
復燕啣來詩千首
留得人間歲月青
文字因緣曾早結
主愛相逢樂趣盈
樓壇訴說登臨意
豪情歡載頌禱聲

李錦洪
《時代論壇》週報社長

飄零——自序

飄飄何所似，
天地一沙鷗。

飄零，是迫於無奈的流浪，是獨立蒼茫的淒冷，是宮娥垂淚的倉皇。

我們活在一個飄零的年代裏，步履踉蹌；不但身體在徒勞的奔波中老去，心靈也在無果的追尋裏衰殘。二三十年之前，我們的父母帶著怎樣的客旅之心在這小島上紮下第一顆釘，如今，我們也帶著同樣的落泊之情到他鄉尋找暫棲之地。我們是被折的嫩枝，給橫蠻地強插進異國的土壤；我們是失錨的破船，讓潮流推湧到陌生的海港；我們是游蕩的以色列，怨聲裏猶帶著流奶與蜜的夢想。

習慣了行旅，行旅成了家鄉；習慣了走路，休息成了控訴。走盡了白日，走進了黃昏，沒待黑夜把牀鋪好，催行的清晨又已來臨。每到一驛，就有人告訴你，終點猶在前面等。

有時候不禁要問，眞有誰在前面等著嗎？
我在爲誰趕路，我要向誰交代？
走路的走路、迷途的迷途，誰構思我生命的藍圖？

星垂平野闊，
月湧大江流。

自由，只是飄零的解說；寂寞，卻是灑脫的實情。偌大的空間裏，我不免成了孤單的奴隸；狹小的意念中，我無法釐清自己的角色。

天地的主，惟請祢接納我尋求的祭，但望祢牽引我流浪的心，讓我的飄零滑落祢穩固的手中，讓我一覺醒來，就找到家的溫暖與安全感。

再版序

當基道出版社告訴我《我把禱告留在窗台上》能夠再版的時候，我實在感到很高興。在香港，詩集是出版界的「票房毒藥」，我自己出版過另外幾本詩集，銷量都很不理想。一位英國詩人親口對我說：「詩嗎？有一個讀者，就等於滿場觀眾；有兩個讀者，就等於一個神蹟。」在文化氣息濃厚的英國尚且如此，在香港情況就更壞了。可是，神的恩典常常豐厚得難以理解。我感謝祂，也感謝用心靈讀我的詩的每一位讀者。

再版這一本書前，自己又看了一次。可喜的是自己真的有了一定的成長，書中所錄，確與今天個人的屬靈層次有了距離；可悲的是我還不大知道這個距離的方向。我到底更愛主了呢，還是冷淡了？我不知道，也不敢猜。我只知道生命一直在發展，祂與我的感情、關係、相交深度也一直在發展。也許，當初浪漫純潔的概念已經變成複雜深刻的經歷，流暢平和的言語已經變成崎嶇湧動的思考，但是，我知道祂依然在我的寫作途上，「為自己的名，引導我走義路。」我的書，大概已經給寫上了更多，在祂的案頭漸漸變厚了。我寫過這樣一首短詩，此刻，它最能表達我的心情，請你來與我分享。

〈**書和星星**〉

年歲的黑浪一層平壓著一層
像愈讀愈厚的一本書
只會潮漲，這流動的水成岩啊
折疊許多零碎如沙的細節
抹過足踝的青嫩再抹掉後退的路
慢慢入夜的天空語調漸涼

藍鑽深成鬱鬱的紫水晶
星星只是逃脫的
夢的摺角，不慎掉落的
回憶簡陋的書簽
要記取的那幾段少年時日呢
總把原來的新書弄得殘破

如果不是看書的人
用心吟誦，又細細包裹
夜的深沈就更難解讀了
月色溶溶混亂了情節
螢火如意筆劃過，那是淚
繞身而行卻難以高飛
而星呢，是淚而永恆
在那屬天的高度上
點染著地上情懷的破口

謝謝你和祂一樣，肯做我的讀者。

第一輯　言語之外

每次禱告，我都在言語中滑倒。

語言只能在某程度上表達、反映或疏導我心裏複雜的感受。更多的時候，它誤導耳朵、欺騙人心。受蠱的又豈只聽者呢？自欺而欺人，未必是一種意志的選擇啊。

但是父啊，祢洞悉我心腸，有如清晨的陽光照入湛澈的淺水，又像黃昏的小屋亮起飯後的晚燈。我說愛人的時候，祢看見我麻木的角落；我說原諒的一刻，祢明白我惱恨的冰山。祢是我的主，我又豈敢欺騙祢？我只是又一個徒然立志爲善的人罷了。

可是，親愛的主，祢也一定知道我掙扎的痛苦。祢已經賜給我不甘與罪同處的心。我不能愛的時候，覺得煩躁和氣憤；我痛恨人的時候，覺得孤獨而難受。可惜我無法獨力走出這可怕的局面。這時刻，我常常不自覺地在禱告中說出那種話——那種掩飾軟弱、聽起來大方得體的話；好像只有這樣，我才能在祢面前顯得順服和聖潔……

請祢原諒我。我這樣做，不外希望抓緊祢的愛。我雖然知道祢的感情是永恆的，但我有限的想像範疇無法函納任何永恆的概念。我的愛是柔弱易變的，因而我也如此測度祢。父啊，求祢體諒我的淺窄，更求祢拓展我的心靈。

求祢閱讀言語之外那真正的我，垂聽她無聲的心情，叫她在祢專注而關切的眼神裏，得到安全和安息。

阿們

親愛天父

當我說
親愛的天父
我實在

不知道該如何親祢
是把面孔仰向上方
閉眼思想一張漸漸擴大的
猶太老人的臉？

也不知道該如何愛祢
是把腳板輕輕放到
窄路的中央，走出一行
聖經紅字的金句？

眞不知道怎樣理解
天空的高度和它易變的顏色
也不明白：實體的我
如何同時佔有空間
又享用它的虛盪

更不曉得如何呼喚父
孤獨成長的孩子
該怎麼去想像
血脈相連的體溫與性向

最不曉得
如何填滿
自己空洞的語調
以對應祢充實的名號

如嬰孩要掙脫
語言的困局
今天的我
只想哭

不想禱告的日子

不想禱告的日子
我把自己藏在
公車最末的位子裏
讓引擎混亂的吼叫
震碎我冷硬的言辭
我想哭，還是不想哭？
我說主啊，只求祢
把臂彎送過來
讓我歇一會

不想禱告的日子
我把困惑藏在
聖經重重的書頁裏
像一片平扁的乾葉
整齊的紋理
曾經是送氧的血脈
青蔥的疑問
早成了灰褐的通明
我是更認識祢了
還是更迷惘？
我說主啊，只求祢
把祢溫柔的臂彎
慢慢地送過來
讓我好好歇一會

不想禱告的日子
我把仇恨都藏在
教會美麗的庭院外
像一滴悄然溜脫的淚水
落在路旁誰都看不見
轉瞬沒入泥層
苦澀的黑夜
如果我還有恨
我在恨誰？
我說主啊，只求祢把
強大而溫熱的臂彎
輕輕地送過來
讓我沈沈
睡一會

後巷

也許是埋藏在雪野那深層的傷口
突然翦冰破土，長出黑色的新芽
也許是那固執的新芽
戳破了的紅色季候
也許是那季候喘出的壞氣和命令
我突然落入
一個枝葉交纏的夢裏
掙扎著要醒來。哪裏，主啊，
爲甚麼沒有祢？祢仍在嗎？
仍在我視域以外但貼近我呼息的地方嗎？
雪不再白，卻冰冷如故
而且像襪子一樣給翻開來了
憂傷而無地自容的眞象
卻翻不走祢嗎？是的，
如果我能愛，我怎會不愛祢？
如果我能，如果……
我可以選擇的話，主，我盼望
白茫茫的生命裏
享受自覺的純潔
和祢親手栽下的
一柱孤梅，幾片飛花
還有祢用草鞋踏出的柔柔足印……
但祢我今日同走的路
卻是積著污雨的後巷，惡臭薰天

祢是來了，我卻讓祢
一直哭著

也許，這才是同行的意思
也許，當傷口長出新芽的時候
我對自己的閱讀，才可以
重新開始。當祢來
且一直哭著
那日子……

我要仰望羣山

我要仰望羣山
仰望美麗的羣山
看大地的濤峯奔湧而上
一浪接著一浪
追逐藍天冷峻的項背
追逐她水造的心

她漸涼的淚，他用哭泣的肩頭承接
她冰冷的臉，他用白髮的堅持佇候
等她憂傷的眼神在春日回轉
等她用灰色的濕睫
低首親就他寬厚的胸懷
他就會溫柔地說：哭吧
把一切都哭到我身上

於是
在夏日的滂沱裏
我攤開生命苦澀的屈褶
如黑色的雨雲卸下了悲哀
讓粗糙而失控的雨點
重重打落祢張開的雙臂
還痛嗎，這新癒的傷口
銹漬還未退去
就緊緊地擁抱

祢的暖懷中
爲甚麼竟也
有我？

我要仰望羣山
仰望大地濤峯湧動的舞蹈
仰望祢的答案，和祢掌溫裏的
我詩劇的藍圖……

祢是我的詩歌

祢是我的詩歌，
是我散行的斷章裏，
惟一流暢的段落，
惟一凝煉和深沈的言語。
理構的網羅之上，
祢是我無際的藍色天空，
也是我的飛翔。

祢是我的詩歌，
我的純潔不在祢以外。
我縱然寫過俗套的橋段，
寫過卑污的情節，
生命的劣作之上，
祢是我簇新的稿紙，
也是我的將來。

祢是我的詩歌，
我的獨特不在祢以外。
如祢是上聯，我就是下句，
對應祢的平仄，對應祢的愛。
祢的調子激昂而快樂，
我也決不沈淪、決不落泊。
因爲祢是我的詩歌，
也成了我的拯救，

祢如歌者重唱我失聰的年月，叫我
也能聽聞；
祢是詩人重寫我沈悶的一生，叫我
也能動人。

塵埃的歌

我把禱告留在窗台上
讓最早起牀的陽光
啄食成塵埃
金色的舞蹈
一直浮沈到天邊

那心情
串不成話
也譜不成曲
連內容都沒有
只偶然閃亮
一點一點的碎光
要懸掛在
祢爲我流下的
小小的淚滴上
或者聚合成
祢糙掌中
一張悲哭的臉
去親吻那戳腕的劇痛
並在歷史最殘忍的傷口上
經驗癒合的麻癢
與那一直燙到今天的
觸膚的驚奇

我把禱告
留在臂彎一樣的
綠意盈盈的窗台上
像祢留下自己
如同一片金色的陽光

第二輯　我既稱祢爲主

我既稱祢爲主，就應該亦步亦趨地跟隨祢、聽從祢，萬事找祢商量；我必須在周圍那繁囂噪音的敲打之下，聽得見祢溫柔的呼喚，也必須在種種情欲的衝擊之中，抓得牢祢平安的笑容。我必須清醒地活著，活出那眞正自由的意志，活出我選擇祢而放棄世界的決心。

但是，每次停下喘息，我都會發現自己站在不應該站的位置上，帶著騎虎難下的懊悔，負著欲罷不能的無奈。那牽著我的手的，好像不是祢，而是一條又一條的「死線」。應付，大概是我生活中惟一的動詞。每天打開信箱，收到的盡是交費的通知、廣告的催迫，以及形形色色的罐頭信息；接到的電話，不是叫你做這做那，就是向你怨天怨地。睡不飽的日子，連吃飯都成爲負擔，因爲沒有胃口；熬不完的工作，叫娛樂也變作苦難，因爲沒有精神。至於靈修，則成了最有效的安眠藥……

親愛的主，這一定不是祢願意看見的。

我知道，祢希望我過從容愉快的日子：早睡早起，作息有時；說合宜的話，做該做的事；不遲到，不爽約，在一切死線之前完成任務……但是主啊，我哪有這種能力呢？也許，我連對這種生活的嚮往之情也缺乏……

主，求祢教育我。求祢指引我如何度過祢授予的每一天，我既然清醒地稱祢爲主，也必須清醒地爲祢而活；祢既然讓我今天仍活著，就求祢源源賜下，賜下那讓我活得漂漂亮亮的能力。

阿們

星期二早上

祂打開磐石，水就湧出
在乾旱之處，水流成河

詩篇

還沒開始工作
已是一副不堪的模樣
改錯水的瓶蓋打開了
友人的來信呼喊著我的小名
硬幣和紙幣亂佔著有利的位置
攤開的紙張展示索債的掌紋
冰冷的茶包晾出一條求救的繩子
惟忠誠的鬧鐘急喘著氣
大口大口地噴在
我迷惘的臉上

攤開的聖經
找不到落腳的地方
閉起的眼睛
躲不開凌亂的場面
合上的雙手
握不牢瑣碎的心事
主啊，叫我打從哪裏
尋找袮？

像孤獨小孩無意的塗鴉
我的愚拙成了我的話
不意一束金色的陽光
溫柔地灑在
我皺起的眉頭上
像有暖濤滑向左右
我的臉頰
感到祢切實的撫摸
和祢的秩序

於是我站起來
越過一桌子隔夜的焦慮
伸手把透明的窗頁
再往外
推開

晨色

我在那龐大的影子裏
走了許多年月
習慣了摸索
只信任指頭
報道的粗細與溫度
我把祢的臉，困在口袋一樣的故事裏
還說祢怎也
走不出我凹凸的意念
說祢
或方或圓的佔據著空間
忽冷忽熱地吞吃著時間
而所謂信仰
不過雙掌掬成的
一撮梗概，一種形狀
但我竟仍深信
自己已經活出
生命的極速與鋒芒

風景的神態
在極速裏廢壞
在鋒芒中消解
觀看的眼目
卻在失事的時候形成——
張開，是手掌的投降
還是心靈的勝仗？

漸漸我開始明白
祢的靜止，正是我的驚奇
祢的疼痛，正是我的平安
祢的死亡，正是我的生命
祢的復活，正是我的飛翔
祢是光
叫我抖去手上陰森的錯覺
叫我看見晨色熹微的故鄉

忘記

田野的磐石上
黎巴嫩的雪
豈能斷絕？
遠處流下的涼水
豈能乾涸？
我的百姓竟忘記我。
耶利米書

我們都忘記了

開往教堂的公車上
我們忘了應該怎樣記起祢
駛向飯店的的士裏
我們忘了還有甚麼需要記起
午睡後的黃昏
我們沒忘的
只有電視機

為了避免老是忘記
我們求祢
求祢使我們精神爽利
好讓我們說話有條理
好叫我們做事了不起
好教我們無聊的時候
記起有祢

假如祢是老闆
早已把我們「飛起」
假如祢是太太
早已大發脾氣
我們竟當祢是甚麼人了
對著天空大聲讚美
卻忘了那兒有誰
忘了有祢

主啊，我當怎樣
才能愛祢
像愛我自己？

冬眠

不知是否因爲
無法對應
祢龐沛的愛
像風中的塵埃
無法詮解
那叫它閃亮的陽光

我的心竟幽幽沈入
一種灰色的對抗中
我的怨懟是無聲的
像街頭的小貓
埋在前爪下
蒙眼而睡
把一整個天空的澄藍
捆鎖在眼角
小小的淚滴裏

也許祢的冷漠
只是雪野的傳說
也許只有分離的傷痛
才戳得穿我冬眠的騙局
我破土而出那春日
必讚美祢嚴冬的沈重
雪的言語純潔而美麗
從祢而出的，莫不如此

我的頌歌
也一樣

因此我祈求
在我躲藏的日子裏
祢等候我成長
如春天用自己溫柔的名字
等候最貧弱的小花
因爲
對於祢的燦爛
我不能加添甚麼
對於我呢
祢卻是我
惟一的季候

皺褶

樓梯的彎角摺疊著黃昏
眼睛的彎角摺疊著水紋
張不開的視野，摺疊著
重複的疑問

我的躲藏滿是皺褶
我的皺褶封著銹漬
我的銹漬浸著淚水
我的淚水養著回憶

請教我如何攤開，攤開我
憤怒的拳頭，攤成
祢的手
攤成祢粗糙的木匠的手
攤成祢釘在木頭上
因劇痛而痙攣
因流血而戰抖
卻仍堅持張著的
那一雙手

教我走下陰沈的梯角
從漸漸合上的黃昏
走向緩緩開展的清晨

教我走出生命的摺痕
從慢慢合上的自己
走向祢親闢的出路
走進祢寬廣的一生

當我閉上眼睛

當我閉上眼睛
摺疊在雙眼皮裏
那經年累積的疲勞
就簾子一般滑落
我意識底層那巨大的黑洞
領禱的聲音
流落到許多光年以外
卻怎也逃不出
空調空間電控的語調
只剩下殘餘的聽覺
懸掛在古老風扇
盡忠職守的吟哦上
保留了醒醉之間
惟一的橋梁
漸漸，我開始溶化
像春天的雪意
向大地深處默默回流
祢坐在初長的草芽上
輕輕說著當年的事
我向祢挪近一點
今天我只想
把手放進祢溫暖的

木匠的大掌
像幼女牽著年輕的爸爸
離開人羣喃喃的唱做

然後走上小徑午後的風中
聽祢柔軟的耳語：
看，這小花——
馬櫻丹是彩虹編出的繩結
蒲公英是雲朵紮成的絨球
至於你呢，孩子，你正是
彩虹白雲小野花
好看的原由

於是我幸福地笑了
仰看祢成熟的容顏
向我微小的信念
徐徐開綻
我就忍不住
擁抱祢，緊緊地擁抱祢
並且閉上眼睛
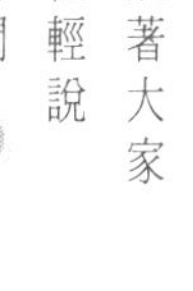

跟著大家
輕輕說
阿們

小窗

日落的時刻
白鷗的翅膀透出亮麗的橘紅
風動的時候
綠樹的波濤唱入醉藍的海色
漸涼的日子
乳燕的尾巴翦過熱帶的嵐霧
晴朗的晚上
獵戶的腰帶燃亮數星的眼睛

在我未生之年
天地已經如此
祢的創造有圓滿的情意
我們的小窗
卻只開向
窄窄的一方

日落的時刻
我們的腰背透出隱隱的疼痛
風動的時候
我們的神經豎向北地的風聲
漸涼的日子
我們的行旅渴慕遠方的塵土
晴朗的晚上
我們的簾幕封住半開的小窗

在我有生之年
世界不外如是
求祢帶我走出這小小的屋子
讓我看見祢美麗的天地
和祢把我放在
這裏面的意思

第三輯　讓我的感謝自由

感謝祢。

感謝祢把明淨的秋藍賜給渾濁的香港，感謝祢把生命的彩虹賜給卑微的衆生，感謝祢把自己賜給這不堪的世代，感謝祢把簇新的省思賜給我迷惘的心。

感謝，一種原不屬於我的經歷，一種從未在我血液中流動的情愫，今日求祢賜給我，叫我的心靈脫去禮貌虛掩的外衣，叫我的意志得著感情的支持，叫我的表達充滿真正的意思。讓我在感謝中得到滿足，也得到更拓落的視野。求祢將感謝這美麗的心情，種植到我深閉隱藏的潛意識中，使我即使在不省人事的時刻，仍能呼喚讚美祢至高的名字。

求祢叫我的感激涵蓋生命的種種，卻獨立於私欲的篩選，求祢讓我的一切祈求，在信任和依靠的安寧裏，成就或不成就。我求的，求祢先鑒察，如旭日鑒察草原；我問的，請祢先回問，如長風探問幽谷。求祢把我的動機都翻開，讓首先被騙的我自己好好看清楚，然後叫我用摯誠的聲音說：主啊，原來這才是我，這個我如今感謝祢。

讓我的感謝自由，走出「得應允」的狹小範疇，走到祢遼濶的心意裏，走進祢偉大的生命中。求祢教我完全信任祢：信任祢有大能，信任祢的大愛，信任祢在我真正需要祢的時刻，肯說「我肯」。

讓我在感激的浪濤中熱切地愛上祢，好叫我有能力走過前面的苦難；讓我在祢的賜予中認識感激的權利，好叫我永遠能說，我感謝祢。

阿們

感謝祢

如果我的心是，黑夜裏
一座疲倦的城市
主路殊途，霓虹競諂
橫巷勾結，夜鼠糾纏
感謝祢，
感謝祢把大街小巷都走遍
走遍長街輕叩我封閉的門戶
走遍小巷撿拾我遺失的童年

感謝祢用應時的更鼓
砸碎我酒後的胡言
又用溫柔的歌聲
連接我折斷的睡眠

感謝祢是一場
毫無保留的大雨
流過路面擦去踐踏的污痕
流入暗溝沖走積存的忌恨
感謝祢是一場
連綿不絕的小雨
叫殘垣暗角那卑弱的小草
再次仰起青綠的小臉
叫這從未醒轉的古城，打著呵欠
不覺已經滑入
晴朗的第二天

春雨

好雨知時節，當春乃發生
隨風潛入夜，潤物細無聲

——杜甫

擁擠的車廂裏
祢爲疲倦的母親
和她懷中的嬰孩
留下一個位子
冷鋼上的體熱與溫柔
輕輕磨出一程
老被遺忘的故事

清冷的球場上
祢爲失戀的少年
和他壅塞的心情
留下一片寧靜
石頭上的淚滴與迷惘
悄悄揉成一串
老被誇大的不安

但祢的愛
沒有踟躕的時候
像春天的粉雨
祢的眼睛撫吻
經寒歷旱的大地

灰白的雲
要釀出花朵的顏色
明亮的水窪
要洗淨小孩骯髒的鞋履

短於季候的視野
如何承接祢寬廣的注視？
惟請祢的溫暖的大掌
輕裹著我震戰的手
帶我走過這潮濕的歲月
好留下深深的足印
讓它們在一片
乾爽的記憶裏
固定成感激

野行

聽說童年
是一個必經的園子
有絨綠的軟草
綿綿墊托受傷的膝蓋
有多色的小花
盈盈滋潤好奇的眼睛
更有擅言的小鳥
吱吱述說虹上的仙子

可是我的童年
只是一片
沒有終站的曠野
沙礫與碎石一面吵架
一面唱出我腳底
那不平的歌
荊叢圍困的日子
蒲公英牽著我的思緒啓程
無星無月的夜晚
螢火蟲銜著我的盼望起飛

只有祢
想念丟失的孩子
美麗的花園都張燈結綵的晚上
祢一個人離開熱鬧的宴會
靜靜走進稠黑的夜色

於是我孩提的淚水
就亮亮的
從祢的眼睛流下
在我的臉上滑行

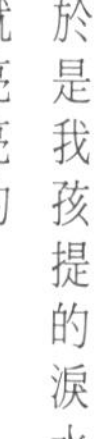

我才終於懂了
在蒲公英與螢火蟲
交錯編成的飛翔裏
祢的傷痕和我的掌紋
必有一天
接合成痊癒
痊癒成永恆

回轉

主啊，離開我，
我是個罪人。

路加福音

我的眼睛憂傷
祢的背影更是如此
是我叫祢走的，流著淚
無法承擔相望的踟躕
是我，覺得凋殘
像從妓院尋回的
疲倦的新娘

渴望擁抱
卻羞於臂彎裏
他人殘餘的體溫
渴望注視
卻害怕臉上
昨夜零落的脂粉
渴望祢留下
卻不敢說
以前隨便說的話
只把祢的呼喚
夾進書中至愛的童話

不相信祢，和祢眼中的
我自己

只好用無名的淚水
送別祢戰抖的項背
和那關於幸福的
短暫的念頭

從沒想到
正在離去的，原來是我
我和我自妝的悲劇
我和我自憐的心

更沒想到
祢等待的痛楚，在祢回頭的一刹那
已由掌心燃燒到眼睫
祢的哭泣雖然靜默
卻鮮明如篝火
灼碎我黑色的噩夢
又像青嫩的新芽
戳破我蒼白的嚴冬

祢的手臂強大而溫暖
被祢擁抱的時刻
我雖無法完全明白

祢爲甚麼愛，爲甚麼堅持
卻切實知道，在祢懷中
我的純潔再度完整
祢我的故事
已在一次的回轉裏
永恆地完成

三人行

從多綠的中午
通向枯敗的黃昏
野徑的那一頭
繫著以馬忤斯小屋的木門
我們在離家，還是在歸家？
我們在走路，還是已迷途？
粗糙的草履磨響腳步的疑問
細密的思憶苦苦追纏
我們沈澱的心

身旁的人用疲憊的側臉
翦去一片不大規律的陽光
他的眼神，在我身上
找不到降落的地方
我們都已陷入
無法彼此閱讀的悽惶
同路，就是同行？
同行，即已同心？

忽然祢從後趕上
呼息平和，卻注入了
扛負整個前途的膂力
祢的微笑，蜻蜓一樣
降落我們中間
一片相聯的衣袂上

同路，始於同行
同行，始於同心
祢的聲音微小
卻像清早露滴走過的
濕潤的新翠
使人變得溫柔

雖然迷惘，我們竟已開始
懂得期待
前路未知的清朗
雖然無法對認
歷史的祢，卻學了會等候
歷史必然印證的
同一個祢

只待黃昏
祢輕輕點起
我們心中的燈

海岸

迷濛欲曉，未亮將亮
我們的小船駛進
提比哩亞灰色的時空
飄零的心，空虛的網
成了我們此刻的故鄉

我們依靠海浪之下
飄忽的羣魚
以及烏雲之上
易怒的天風

卻不相信祢

不信祢如今仍在
而且從未離開
並已生起明亮的柴火
做好暖腹的熱飯
張開了等待的臂彎
是的，我們不相信
不相信祢在等待
像固執的海岸等待小船
疲倦時歸來

我們航近
眼睛卻迷濛了

清晨的露水
落在我們剛剛棹過長夜的
驚奇的臉上

我們愛祢嗎
像祢愛我們那樣？

站在永恆的海岸上
祢知道的比我們多
比我們清楚

不敢回答
只願祢仍肯這樣問
繼續問下去

讓我們聽見祢的聲音
即在海上，風中
甚至更黑暗的夜裏
仍可以一直追隨

讀約翰福音二十一章有感

傳説

賣火柴的女孩
在寒夜的街頭，用戰抖的手
擦亮了生命最終的意義：
燃燒的小木條
是她最後握著的東西
短暫，卻溫暖
看來虛幻
卻是個眞實的
故事

沒有祢的時候
就是沒有火光的日子
像個過路的觀眾
我的同情落在今日的街頭
落在她昨夜的身後
眾多的步履旁邊
冷僵了的小小軀體
還能講述人間的愛嗎？

聽故事的時候
我問自己
是否能夠回到昨夜
伸手擁她入懷
用我有限的體溫
把情節改寫或推遲

但當我走進那黑色的時空
我發現自己原來就是
那又餓又冷的孩子
蹲坐街頭不住地發抖
沒有前路，也沒有火柴在手

我能看見的明天
只有路人淺浪一樣的歎息
和事後的指指點點

就在此刻
祢來了，像一團溫暖的亮光
黑暗中打開了
一扇美麗的小窗
祢把我擁入懷裏，沒話
也沒有濫情的淚水

只叫我把這簇新的故事
不住地傳講
直到天色
大亮

雖然

雖然無花果樹不長新芽
葡萄樹不結果子
等待擁抱收成的雙臂
僵硬成弧形的夜灘
星月的冷視一直拉長

雖然投出的小石
越不過無漪的黑謎
觸水的聲音哽咽成
滅頂的遺憾
雖然仇恨的毒浪一直撲過來

主啊，求祢教我
以祢爲今日的豐年
和我臂彎裏充實的莊稼
讓我手的弧度變得更柔軟
好擁抱祢的剛強

教我如何投出感情的重量
以致不問回響
教我相信再黑的汪洋
也不能湮埋祢細意的檢閱
和祢的平安
教我在龜裂的荒土中

找到心中的青草與牛羊
主耶和華是我的力量
是我在斷崖盡處
往前奔走的方向

讀哈巴谷書有感

第四輯　權利

我讚美祢，因爲讚美是祢親自賜下的權利。

我讚美祢，因爲我驚歎祢所造一切那種無法匹敵的美；因爲我訝異於祢的活潑幽默、美善溫柔、無與倫比。

爲甚麼沒有一種牆紙的綠色，比得上小草的青葱？

爲甚麼大飯店的水晶燈，亮不過雨後的一角晴天？

爲何燭火使人憂傷，星光卻教人神往？

爲何廢紙使人煩厭，落葉卻叫人思想？

讚美祢，是發現的驚喜，是領悟的痛快，是確認的激情，是立場的宣稱。

祢的純眞、開朗、心思綿密，到處讓謙虛的人快樂，到處叫驕傲的人愕然。

看，祢不但造了水，也造了天邊的彩霞，六角的雪花；更造了峯上的游嵐、谷底的激波、和那飛流直下的銀色瀑布；祢沒忘記讓小小的水珠兒，在新葉的腋窩下、或熟睡小孩的紅頰上悄悄歌唱；祢叫大海澎湃，就叫白雲安詳；祢叫甘霖細密，就叫暴雨激昂；祢叫溪流清澈，就叫江河雄壯；祢吩咐冰浮於水，好等游魚過冬；又命令春流湧溢，好讓農人耕種……

這一切使我知道一件事：祢是神。除了讚美，我再沒有更適切的話。

主，感謝祢賜我讚美的權利。

阿們

向南

「鷹雀飛翔，展開翅膀一直向南
豈是藉你的智慧嗎？」

像小石拋向大海
我的探問沈落
啞咽的丁冬
算不算是
答案的一部分？

像小鳥逃向天空
我的探問逸去
無助的啁啾
算不算是
答案的大部分？

但祢教會了我
思想大海和他的靜默
享受天空和他的寬宏
祢讓我曉得時空的錯位
錯不了我定向的追尋

像小鳥飛向天空
我的探問興奮地出發
像小石投向大海
我的探問探入深尋

我不再等候，口袋裏
伸手即及的答案
也不疑慮
卻如候鳥戀逐陽光
我張盡翅上的初羽
一直向南

讀約伯記有感

哀鳳凰

「他栽種松樹，得雨長養。
這樹，人可用以燒火。
他自己取些烤火，又燒著烤餅，
而且作神像跪拜，
作雕刻的偶像向他叩拜。」
以賽亞書

主啊，祢若策動那呼呼的飆風
划動右臂成天地的半徑
划出一襲燙紅的烈火
划出一柄青冷的電光
和祢心中劇烈的
疼痛，然後說：
我要毀滅這冶艷淫賤
恃財自傲的城
我們還可以拿甚麼
與祢爭論？
尙可以說不辨左右的
爲數眾多，正等待祢憐憫
還是說，人人都一心向善？
美麗的鳳凰自慟泣的肩頭回望
青翠的翅膀從今必日漸枯乾
天眞的行客視野不再晴朗
山巒的浪波也不再流暢

我一抬頭，就想痛哭
主啊，祢的創造，祢的歌
在我的悲傷裏，哽咽在
人手所造的幻象中
我再也看不見

峯嶺純潔的翦影
夜夜讓軟嵐洗淨
清晨讓高雲喚醒
再也聽不見
祢微笑的愉悅
隨著鳥聲梳入晚霞
梳進一切窗戶敞開的人家
因祢必定不肯
與虛無同住

但是我仍懇求祢
容忍這狂妄失控的部族
和祢在家在野的孩子
回歸的，求祢擁抱
迷惘的，求祢引路
求祢把眞正的風景
重新賜給尋找的眼睛
求祢愛我們
再一次創造我們
心中的天地
和這天地的澄明

一九九三年十二月三十一日

旋渦的歌

祢一發聲
空中就有眾水翻飛
地極就有雲霧上騰
祢親造的電光必隨雨橫爍
祢的手，要從地庫領出呼呼的飆風

然而祢的靜默
更能激動我

如向心的旋渦
靜靜地，強烈地
我流入深尋
更深的信任
告別淺水咬耳的嗚咽
告別崖壁喧囂的對峙
告別季候重複的儀節
告別情感難測的篇章

只留下祢
作我舞蹈的中心
讓我閱讀自己的暈眩
好認識祢的穩固
讓我聆聽自己的喧鬧
好領會祢的平安

讓我繞祢旋轉
愈轉愈貼近
貼近祢無底的愛情，貼近
祢無聲的言語，和祢的心

夜讀耶利米書有感

溪水

像細細的溪水
穿越灌叢雜亂的節奏
我的情懷是春雨
意志的匯流
我要用柔和的軟語
漫過山石犀利的辭鋒
定向，更清心
一直傳說
祢澄美的故事
和祢自己

因爲祢是源頭
悲哭的眼睛
爲了走失的孩子
祢的手背
被失聲的淚水
漫成河谷的虛闊
愛，就從祢指縫間淙淙溢出
流成我今天的小河
流成我明日的大江

我綿綿的心思
流進祢浩瀚的長歌
如小小的水滴
我一旦學習

放棄自己的疆域
就知道大水滔滔，自藍天
騰瀉而下那偉大的自由
我在祢裏面、祢也在我裏頭
源源地奔流

即使我仍細小
即使我仍溫柔

魚的故事

走在這城狹窄的街道上
我是海底石縫裏
一尾驚竄的小魚
抖戰著尾鰭疾速泅動
尋索那僅餘的暗巷
和它黑色的安全
要躲過層樓之上
每個窗戶
魚矛一樣的細長眼睛

走在這城陷落的街道上
我是海溝深處
一條笨重的大魚
疲累的軀體
戳不開遒韌的黑液
在晃蕩虛謊的橫切面上
踽踽寸進
背負整個海洋
垂直的重壓
和那來自體內的
對等的力量

然而我是眞正的魚
游泳，是我不曾自覺的本色
當年祢在水平線上

爲我平靜風浪
今又爲我沒入深層的重壓
向著朝陽靜靜地領航

祢溫柔下令
冬天審判的冰原
不得壓向
浮沈的眾生
祢用自己的體熱
輕輕地提起
海洋深處流動的溫情
因祢已選擇成爲
我們的一分子
祢就是
那躺在漁人砧上
讓自己的鮮血流成旭日的
我們的王

英雄樹

滿滿的灰色鉛液，將墜未墜
覆轉如盆是天空的濕臉
自大地的邊沿重重壓下
三月，是祢義怒雕成的王璽
還是我亂步招出的供辭？

走在路上
卻不明白走路的意義
燈柱、郵筒、廢紙箱
路標的言語缺乏終極的動詞

土牆的周密
封不住外張的嚮往
鋼網的通明
漏不進坦朗的心情

天地的法眼快要合上的時候
我是逃脫的淚水
還是將亡的視野？

餘下的窄縫裏
問題和答案之間
容不下思索的距離
如同哭泣承不住悲哀
又如悲哀說不完生命

但畢竟時候到了
祢應約而來
黑暗中，默默發芽成長
把無垠的智慧
注入有待的身量

於是我一覺醒來，就驚見祢
挺立在天空和大地之間
一手扛住那下壓的判辭
又用鮮紅的顏色
抹亮這灰暗的季候

因爲祢至高的名字
我眼睛的翅膀
開始尋索簇新的高度
一切的圍欄以外
祢用紮根於地的自限
開展了我向上的旅程

自此我知道春意遼闊
並且看見烏雲以上
清朗的藍天

雁

小小的卵縫才出現
祢就讓人間冰冷的空氣
匕首一樣青寒的鋒刃
颼颼刮痛我浴著胎血的翅膀

打從破殼一刻
我就帶著飽滿的欲望
和不能替代的
對季候的認知
掉進祢爲我張開的
無盡的空間
無盡的可能中

濡濡的絨羽
對天風特別敏感
當生命的藍圖逐步展卷
祢每次都容我任性追尋
更高、更快、更前線的飛行

曾經努力追隨
一切等高的羽翼
齊心趕赴天穹的邊域
爲了認同，也爲了被認同
用傲慢的自賞和虛怯的互恃
越過祢明明可知的注視

越過並嗤笑，一羣又一羣
貼地爬行的鴨子

一天無意掉隊
才發現祢爲休息一詞
設定了意義
醒來忽已趴在
嚴冬純白的中央

飛雪送走了羽翼的廝磨
寂寞推開了視域的邊疆
寒冷的感覺洶湧地降落
失羣的省思卻像餘孤一樣
往返地盤桓

天宇廣漠
我重新學習舉翅的方法
烏雲堆疊的午晝
我用思想描摹雪原的起伏
沒有星月的晚上
我用意志聆聽夜空的輪廓
孤單的疑團脫胎自羣黨的肯定
飢寒的眞實篩去了熱鬧的虛謊

當我的哭泣破土於北地深寒的荒野

我不禁問：水草豐盛的江南
和暖而甜膩的陽光裏
剛睡醒的友伴可會明白
清醒，是感覺疼痛的能力
是祢所賜
是祢的意思

飛行，從今變成
一個人的事
當我伸展雙翅
如向上攤開的手
前方，就以電光的明快
向左右擘成兩半
高速破開的視野裏
祢竟成了我
前衝的
劍鋒

然後，白色的雪花漫天飛舞
在我身側悠悠飄漾
瞬間，都變成羽毛的亮光
領航的祢，以遒韌的筆觸
教我們書寫美麗的人字

我的旅程不再孤獨
天空也不再沈重
因祢甘用雙足行走
又用雙臂舉起了
我們稚陋的羽翅，因爲
回首
祢是我北方的故園
向前
祢是我南望的春天

主—跋

我還沒信的時候，已經跟著基督徒稱祢爲主；可那只是一種方便的叫法，大概沒有甚麼內容。成爲基督徒幾年以後，我才開始深入思索這「主」字的意義。一點也不簡單啊，因爲這個字的函義太豐富了，一放到思想的海洋裏，就能引起洶湧的浪濤。

祢是我的主宰。我生命的意義，必須以祢爲衡量，因爲祢是終極；我一切的決定，必須以祢爲依歸，因爲祢是眞理；我的一切遭遇，必須由祢來詮解，因爲只有祢才知道它們藏在時間以外的深層意思。

祢是我的主人。我整個人屬於祢，祢也完全擁有我。我執行祢的命令，實踐祢的願望；祢珍惜卑微的人，蔭護弱小的我。我們的關係，建立在祢我相同的意向之上：信，是我的祭；望，是祢給我的禮物；愛，是我們之間永恆的感情。

祢是我生命舞台上的主角。沒有祢，我就沒有相對的位置，也沒有交談的對手。我努力演好自己，爲的是要突出祢，榮耀祢，叫一切冷眼旁觀的，因好奇而駐足、因認同而拍掌、因感動而投入。

至於我，主啊，當我誠實地承認了祢，我就掌握到自己從未擁有的主權。我的主權，在我說「我願意」的時候，一次又一次地體現了。我再不需要活在風雲莫測與有心無力的恐懼之中，因為我已經走出迷霧，看見了祢。

親愛的主，我的耶穌基督，我感謝祢。

阿們

胡燕青個人簡介

一九五四年生於廣州，廣東中山人，八歲來港定居及接受教育。畢業於伊利沙伯中學，後獲香港大學哲學碩士，主修中文。現職浸會大學語文中心助理教授。

一九八一年獲得市政局中文文學創作獎詩組冠軍，一九八五年又得同獎散文組第一名。一九九八年以詩集《我把禱告留在窗台上》獲基督教「湯清文藝獎優勝獎」，《一米四八》獲同獎之「卓越成就獎」；一九九九年以詩集《地車裏》獲市政局中文文學創作獎之新詩組雙年獎，並以《一米四八》獲市政局中文文學創作獎之兒童文學組雙年獎。

著作包括詩集《驚蟄》、《日出行》、《我把禱告留在窗台上》、《地車裏》、《護城河》，散文集《心頁開敞》、《彩店》、《我在乎天長地久》，詩歌論集《小丘初夏》，少年小說《一米四八》、《全天候跑道》、《頭號人物》，兒童故事《啟啟語文系列》，紀實文學《我的老師》、《十九歲的天空》。散文集《嘆息的速度》、詩集《攀緣之歌》即將出版。

《護城河》

一個愛寫作的老師，把她的詩創作奉獻給同樣喜愛寫作的學生，用「護城河」的心情護送十八個孩子走上寫作的道路。她用簡單易讀的詩的言語，為同學們寫了五十二首短詩。這些作品全是網上的對話——說情懷、談寫作、看社會、思信仰，既是創作，也是閒聊，更可能是師生之間的情書。

《護城河》中，老師的角色是發現者。她對同學們說的話，換一個角度看，其實也是對自己說的。在鼓勵年輕人的同時，作者說，她得到的鼓勵最大。她這樣寫：「也許，當城與河的心情結合為風尚，他們的位置就要變更，角色就要互換。如果很久以後我還在寫作，那也是因為同學們在鼓勵我。」(序詩後記)

希望這一本把教育和寫作結合在一起的詩集，也能夠成為許多老師和同學之間的感情橋梁和創作動力。

《詩的挪亞方舟》

新詩——難讀？難寫？有人在詩的門外徘徊，有人對新詩望而生畏，有人卻對之愛不釋手。到底新詩可怕，還是可愛、可讀的文學作品？新詩的祕密在哪裏？

十數個年輕人，本來對新詩全無認識、甚至抗拒，今天他們不但愛新詩、寫新詩，部分同學更在大專創作比賽中拿了數個寫作獎項——不過經歷了一年多的學習。他們在網上開設了一個網站「詩的挪亞方舟」，一位老師和許多年輕人在那裏討論不輟，互相砥礪，分享作品和彼此支持。「方舟」上的討論，由淺入深；「方舟」上的友情，一日千里；我們覺得這種經驗非常珍貴，就把網頁上面的第一階段討論和創作編印成書，希望藉此鼓勵喜歡寫作的年輕人帶著輕鬆的心情踏足寫作領域。

「方舟」上來自香港和海外數家大學的十五位同學和一位老師，誠意邀請你與我們一同用詩思索，用詩生活，用詩同行。

《十九歲的天空》

自從高等教育普及以來，「大學生」已不再是天之驕子、家人的光榮；但不少人仍對他們懷有一定的期望：

思想成熟、處事精明、關社愛國……在這一切期望以外，還有人關心這一代大學生成長背後的掙扎和衝擊，欣賞他們付出的努力和代價嗎？胡燕青從老師的角度，以充滿關愛的筆觸，描繪了十四個大學生的生活和感情。閱畢這些故事後，會否讓你對大學生有新的印象和期望？

《我的老師》

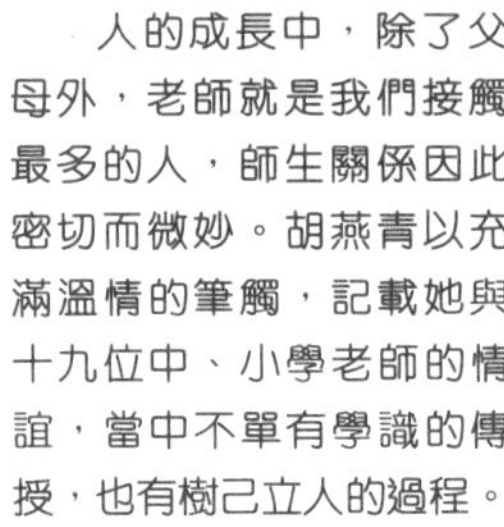

人的成長中，除了父母外，老師就是我們接觸最多的人，師生關係因此密切而微妙。胡燕青以充滿溫情的筆觸，記載她與十九位中、小學老師的情誼，當中不單有學識的傳授，也有樹己立人的過程。讓已投身教學的她，透過溫馨感人的回憶，帶你認識生命中的良師，從中領會為人師表的寶貴素質。